Recettes Ninja Foodi

Recettes rapides et savoureuses
pour maximiser votre Foodi !

Anna GAINES
© 2020 A. GAINES

Copyright © 2020 A. GAINES - Tous droits réservés.

Aucune partie de ce livre ne peut être reproduite ou transmise sous quelque forme que ce soit par quelque moyen que ce soit, électronique, mécanique, par photocopie, enregistrement ou autrement, sans l'autorisation écrite préalable de l'éditeur.

Table des matières

Introduction 5
Tout savoir sur le Ninja Foodi 7
    La technologie TenderCrisp 8
    Utilisation des fonctions de votre Foodi 9
    Accessoires et équipements de Ninja Foodi 12
    Conseils pour une meilleure utilisation du Foodi 13
    Conseils pratiques pour de meilleurs résultats 15
    Conseils pour un nettoyage efficace du Foodi 16
    Conseils pour une cuisine saine 17
    À propos des recettes de ce livre 18
Recettes pour Ninja Foodi 19
    PETIT DÉJEUNER 20
        Casserole de petit déjeuner 21
        Œufs écossais 22
        Toast à la cannelle 24
        Sandwich de petit déjeuner 26
        Porridge crémeux à l'amande 28
        Clafoutis de petit déjeuner 29
        Frittata aux artichauts 31
    BOUILLONS ET SAUCES 33
        Bouillon de poulet 34
        Bouillon de légumes 35
        Champignons sautés 36
        Oignons caramélisés 37
        Sauce Teriyaki 38
        Sauce barbecue 39
        Sauce moutarde 40
        Sauce Marinara 41
    PLATS PRINCIPAUX 42
        Aubergines au parmesan 43
        Salade de haricots blancs 44

Pommes de terre doublement cuites 46

Soupe aux pois chiches 48

Ailes de poulet au sésame 50

Poulet et pommes de terre croustillants 52

Poulet braisé aux champignons 54

Dinde rôtie aux patates douces 56

Poulet Stroganoff 58

Côtes de porc à la moutarde 60

Filet mignon aux poivrons 62

Pâtes aux crevettes 64

Saumon aux légumes 66

Moules au chorizo 67

DESSERTS 68

Poires pochées aux épices 69

Pots de crème moka 70

Tarte Tatin 71

Brownies au caramel 72

Crème brûlée 74

Cheesecake marbré au chocolat 76

Introduction

Bienvenue dans le monde de la cuisine saine avec votre autocuiseur électrique !

Tout le monde est occupé et intégrer la préparation des repas dans notre routine quotidienne peut être un défi, surtout si vous voulez des repas frais, sains et satisfaisants. Alors s'il y a quelque chose qui peut vous faciliter la préparation de repas de qualité, pourquoi ne pas l'essayer ?

Le Ninja Foodi est l'un de ces appareils et il va changer la façon dont vous cuisinez à la maison. La combinaison de la cuisson sous pression et du croustillant, également connue sous le nom de technologie TenderCrisp, vous permet d'ajouter de la saveur et de la texture à vos repas en une seule fois.

Les recettes de ce livre visent à offrir des expériences exceptionnelles dans un seul pot. Et ils sont développés à partir d'ingrédients de tous les jours pour devenir des plats extraordinaires de tous les jours. À partir d'ingrédients simples, Foodi crée des plats aussi impressionnants que rapides et faciles à préparer.

Dans ce livre, vous trouverez des recettes qui varient non seulement en termes de saveur, de texture et de cuisine, mais aussi en termes de temps et d'énergie nécessaires pour les préparer, le tout dans une seule casserole. La plupart font des repas complets, sans accompagnement. Certaines recettes sont simples, prennent environ 30 minutes et sont parfaites pour un dîner en semaine, tandis que d'autres sont plus élaborées et conviennent probablement mieux au week-end. Quels que soient l'occasion, les compétences culinaires, le temps ou le niveau d'énergie, vous trouverez quelque chose qui fera ressortir le chef qui sommeille en vous et fera de la cuisine moins une corvée et plus une activité que vous pourrez apprécier.

Vous économiserez de l'argent en cuisinant à la maison, et vous mangerez plus sainement. De plus, moins de temps dans la cuisine signifie plus de temps pour les choses que vous voulez vraiment faire. Vous pouvez vous connecter avec vos amis, votre famille et vos proches, lire un livre, regarder votre émission préférée ou faire ce que vous aimez quand vous avez quelques précieuses minutes.

J'espère qu'avec un peu de temps et les informations et recettes contenues dans ce livre, vous aimerez cuisiner autant que moi.

Amusez-vous bien avec votre Ninja Foodi !

Tout savoir sur le Ninja Foodi

La technologie TenderCrisp

La beauté du Ninja Foodi est que vous pouvez l'utiliser pour préparer des aliments aux textures variées — à la vapeur, croustillants, rôtis, braisés — dans une seule casserole. Bien sûr, vous pouvez faire de superbes soupes et braisages avec un autocuiseur, et vous pouvez utiliser une friteuse à air pour obtenir des aliments croustillants. Mais si vous voulez des repas et des plats qui combinent les deux, vous avez besoin d'un comptoir pour ranger plus d'un appareil, et d'une multitude de casseroles et de poêles. C'est-à-dire, jusqu'à présent. Le Ninja Foodi est unique dans la cuisine d'aujourd'hui : c'est l'autocuiseur qui fait aussi des chips.

Cuisson sous pression

En termes simples, les autocuiseurs fonctionnent parce que le point d'ébullition du liquide dépend de la pression atmosphérique. Dans une marmite classique, les liquides de cuisson à base d'eau n'atteindront jamais des températures supérieures à 100 °C. L'eau bout et se transforme en vapeur, et la vapeur se dissipe, même si la marmite a un couvercle. Mais dans la cuve étanche d'un autocuiseur, l'eau qui se transforme en vapeur ne peut pas s'échapper, ce qui augmente la pression dans la casserole. Avec une pression plus élevée, l'eau a besoin de plus d'énergie pour bouillir, de sorte que la température d'ébullition augmente à mesure que la vapeur s'accumule.

Dans le Ninja Foodi, la basse pression équivaut à 7,25 psi, et la haute pression à 11,6 psi. La température de travail est donc comprise entre 112 °C (basse pression) et 117 °C (haute pression). Une fois que la marmite est mise sous pression, le liquide à l'intérieur n'est plus en ébullition. Cependant, lorsque la pression diminue, soit naturellement, soit rapidement par l'évent de vapeur, le liquide encore chaud commence à bouillir.

Comme la cuisson sous pression nécessite un liquide bouillant, il est important de s'assurer que vous en avez suffisamment. Comme il n'y a pratiquement pas d'évaporation une fois que le couvercle est verrouillé, il n'en faut pas beaucoup ; en général, une tasse environ suffit. Et n'oubliez pas que les aliments dégagent du liquide pendant la cuisson, donc pour de nombreux plats, à commencer par environ un quart de tasse suffit.

Utilisation des fonctions de votre Foodi

Cet effet TenderCrisp est possible avec un seul appareil grâce à la conception unique du Foodi : deux couvercles qui cuisinent avec des fonctions différentes.

1. Le couvercle à pression et ses fonctions

Le couvercle à pression est séparé et détachable de la base de l'appareil et transforme votre Foodi en autocuiseur, en cuiseur vapeur ou en mijoteuse ! Le couvercle doit être verrouillé en place, ce qui est facile à faire : il suffit d'aligner la flèche de la base avec celle du couvercle et de tourner le couvercle dans le sens des aiguilles d'une montre.

Une valve sur le dessus du couvercle permet de sceller l'appareil pour la cuisson sous pression (Seal) avec deux niveaux (7,25 psi sur Low, 11,6 psi sur High). La valve peut être ouverte pour la cuisson à la vapeur (comme pour les légumes) ou la cuisson lente (soupes et ragoûts, par exemple), et aussi pour relâcher la pression après la cuisson sous pression (Vent).

Pressure (cuisson sous pression)

Pour la cuisson sous pression, le Foodi vous permet de choisir le niveau de pression (High ou Low) et le temps. L'écran du Foodi indique quand la pression augmente et quand elle a atteint le niveau approprié, auquel cas la minuterie démarre automatiquement. Une fois que le Foodi a atteint le niveau de pression sélectionné, la chaleur est régulée pour maintenir cette pression jusqu'à la fin de la cuisson. À ce moment-là, vous pouvez le laisser seul pour que la pression baisse naturellement, ou déplacer la soupape vers le système de ventilation pour relâcher rapidement la pression, ou encore utiliser une combinaison des deux. Vous devez cependant attendre que la pression baisse avant de pouvoir ouvrir le couvercle.

Steam (vapeur)

Vous pouvez également cuire à la vapeur des aliments sans pression en utilisant le couvercle à pression. Il suffit d'ajouter de l'eau dans le pot intérieur, d'insérer une grille de cuisson à la vapeur et vos aliments, et de verrouiller le couvercle en place avec la soupape réglée sur Vent. La température est réglée automatiquement, il vous suffit donc de régler l'heure. Vous ne devez pas ouvrir le couvercle pendant la cuisson à la vapeur.

Slow Cook (cuisson lente)

Pour la cuisson lente, utilisez le couvercle à pression avec la soupape réglée sur Vent. Sélectionnez la fonction Slow Cook, qui comporte deux niveaux, et réglez la durée, qui peut être ajustée jusqu'à 12 heures.

Sear/Sauté (dorer/sauter)

La dernière fonction de la section Pressure du panel Foodi est Sear/Sauté. Bien que vous puissiez utiliser cette fonction avec le couvercle à pression en place, vous devrez probablement le laisser éteint pour pouvoir voir et remuer les aliments qui sont en train de brunir et de sauter avant la cuisson sous pression. Vous pouvez choisir parmi cinq niveaux de chaleur (Low, Medium-Low, Medium, Medium-High, et High) lorsque vous sélectionnez la fonction Sear/Sauté, mais vous ne pouvez pas régler la durée ; la fonction reste activée jusqu'à ce que vous l'annuliez. Vous pouvez toutefois passer d'un niveau de chaleur à un autre sans avoir à désactiver la fonction et à la recommencer.

2. Le couvercle à croustiller et ses fonctions

Avec le couvercle à croustiller innovant, le Foodi devient un bac à légumes, un grill ou un four de cuisson/rôtissage. Les températures réglables (de 120 °C à 230 °C) et la minuterie intégrée vous offrent une grande souplesse dans les types de plats que vous pouvez préparer et finir, et vous n'avez pas besoin d'une tonne d'huile (et de ces calories ajoutées) pour le faire.

Le couvercle à croustiller est fixé de manière permanente à l'appareil par une charnière. Il s'ouvre et se ferme sans verrouillage et peut être ouvert pendant toute fonction de cuisson par convection (par opposition aux fonctions de cuisson sous pression), de sorte que vous pouvez tourner, mélanger ou vérifier vos ingrédients. Lorsque le couvercle est ouvert, l'élément de cuisson s'éteint et la minuterie s'arrête. Dès que le couvercle est refermé, la cuisson et la minuterie reprennent.

Chaque fonction de cuisson du couvercle à croustiller permet de cuisiner avec la même mécanique, mais avec des niveaux de température différents, ce qui signifie que vous pouvez croustiller les aliments pour leur donner la texture croustillante que nous aimons tous, les faire cuire ou rôtir, les faire griller et, sur certains modèles, même les déshydrater.

Air Crisp (friture à air)

Ce paramètre est généralement utilisé avec le panier Cook & Crisp (panier de cuisson et de croustillant) inclus, qui permet de mélanger facilement les ingrédients, mais il peut également être utilisé avec le support réversible (également inclus). La température pour cette fonction varie de 150 °C à 200 °C, et est réglable selon les besoins. L'Air Crisp fonctionne mieux sans liquide dans la marmite.

Bake/Roast (cuisson/rôtissage)

Comme son nom l'indique, ce réglage est utilisé pour la cuisson ou le rôtissage. La température peut être réglée de 120 °C à 200 °C, et le réglage peut être utilisé avec la grille réversible en position haute ou basse. C'est généralement la meilleure option de cuisson pour les desserts ou les casseroles dans des plats résistants à la chaleur.

Broil (griller)

La fonction Broil se règle automatiquement sur 230 °C et n'est pas réglable, car ce type de cuisson nécessite une chaleur élevée. Vous pouvez utiliser ce réglage pour faire dorer et rendre croustillants les aliments dans le pot ou avec la grille réversible en position haute ou basse.

Accessoires et équipements de Ninja Foodi

Le Foodi est livré avec deux accessoires à utiliser avec ses fonctions de cuisson particulières. Plusieurs accessoires optionnels sont également disponibles à l'achat, qui peuvent être d'une réelle valeur une fois que vous maîtrisez l'appareil et que vous devenez plus aventureux dans votre cuisine.

Le support réversible

Avec ses deux niveaux, la grille réversible peut être utilisée pour la cuisson au gril (en position haute) et pour la cuisson sous pression, la cuisson à la vapeur et la cuisson/rôtissage (en position basse).

Le panier Cook & Crisp

Ce panier est spécialement conçu pour le croustillage à l'air. Le fond est amovible pour faciliter le nettoyage.

Conseils pour une meilleure utilisation du Foodi

1. Familiarisez-vous avec votre appareil. Veillez à lire le manuel d'utilisation fourni avec votre autocuiseur. Chaque modèle a des réglages et des caractéristiques différents et utilise des termes uniques pour les décrire. Familiarisez-vous avec la conception, l'emplacement des réglages et les termes utilisés pour votre autocuiseur particulier afin de pouvoir sélectionner rapidement et facilement le réglage dont vous avez besoin, verrouiller le couvercle, et sceller et relâcher la pression.

2. Utilisez votre appareil en toute sécurité. Suivez explicitement et attentivement les instructions du fabricant de votre autocuiseur électrique, notamment en ce qui concerne les procédures de sécurité, les réglages recommandés, les aliments à éviter, les limites maximales de remplissage et les quantités minimales d'eau à utiliser dans chaque recette.

3. Sélectionnez une recette et lisez-la entièrement. En vous familiarisant avec la recette, vous n'aurez pas de surprise une fois que vous aurez cuisiné. Préparez les ingrédients avant d'allumer le cuiseur pour qu'une fois qu'il est allumé, vous soyez prêt à partir.

4. Faites sauter ou dorer les aliments selon vos besoins. Dans de nombreuses recettes de cuisson sous pression, il est courant d'ajouter une petite quantité d'huile pour faire sauter (en utilisant le mode « faire sauter », « faire brunir » ou « chauffer au fond ») des légumes aromatiques, comme les oignons et l'ail, ou pour faire dorer le poulet ou la viande. C'est une étape supplémentaire, mais elle ajoute beaucoup de saveur à l'ensemble du plat. Lorsque vous faites sauter les aliments, ne couvrez pas l'autocuiseur et remuez-les fréquemment. La cuisson dans un autocuiseur est similaire à la cuisson dans une poêle sur la cuisinière, il faut donc être prudent, car la poêle et les aliments seront chauds et les aliments peuvent éclabousser. Éteignez l'autocuiseur après avoir fait sauter les aliments.

5. Mettez les ingrédients dans l'autocuiseur. En général, ne remplissez pas l'autocuiseur à plus de deux tiers et ne dépassez jamais la limite maximale.

6. Ajoutez du liquide. Un autocuiseur doit contenir un peu de liquide fonctionner correctement. Le liquide peut être de l'eau ou du bouillon ou provenir d'aliments aqueux, comme les tomates.

7. Vérifiez le joint d'étanchéité et fixez le couvercle. Il est important que le joint en silicone soit bien en place et que le couvercle à verrouillage soit bien fixé. Le couvercle doit être correctement verrouillé et l'évent de vapeur doit être fermé pour créer la pression.

8. Sélectionnez le mode de cuisson et réglez la minuterie. Souvent, cela signifie qu'il faut d'abord régler l'appareil sur la pression. Ensuite, réglez la minuterie. La minuterie ne commence son compte à rebours que lorsque l'appareil atteint la pression renseignée. Par exemple, si une recette indique de mettre l'autocuiseur en haute pression pendant 10 minutes, il peut falloir 5 à 10 minutes pour que la pression augmente. Pendant ce temps, l'affichage peut simplement indiquer « on ». Il est normal de voir et d'entendre un peu de vapeur s'échapper. Une fois que l'autocuiseur a atteint la pression demandée, la vapeur ne s'échappe plus et le compte à rebours commence. Une fois le temps écoulé, de nombreux autocuiseurs activent automatiquement le réglage de la chaleur. Vous pouvez éteindre l'autocuiseur ou même le débrancher.

9. Relâchez la pression. Le mécanisme de sécurité empêche l'ouverture du couvercle tant que la pression n'est pas relâchée. Faites attention et gardez vos mains et votre visage à l'écart lorsque vous relâchez la pression. Il y a trois façons de relâcher la pression ; celle que vous utilisez dépend de la recette ou de l'aliment que vous cuisinez.

- **Relâchement rapide.** Il est nécessaire de relâcher rapidement la pression lorsqu'une cuisson supplémentaire risque de provoquer une surcuisson. En général, cela signifie que vous tournez le bouton de relâchement de la pression sur « vent ». Vous entendrez la vapeur s'échapper ; assurez-vous de garder vos mains et votre visage loin de la vapeur chaude.
- **Relâchement naturel.** Lorsque l'autocuiseur refroidit, la pression diminue naturellement d'elle-même. C'est le choix le plus courant pour la cuisson de bouillons, de céréales, de haricots, de viandes et d'aliments qui bénéficient d'un refroidissement plus lent ou d'une cuisson plus longue ou d'aliments qui peuvent provoquer des éclaboussures de vapeur. Prévoyez suffisamment de temps pour cette étape, car il peut falloir de 15 à 30 minutes, voire plus, pour que la pression soit relâchée.
- **Relâchement naturel et rapide.** Parfois, les recettes demandent de relâcher la pression naturellement pendant 5 à 15 minutes, puis de la purger pour libérer rapidement la pression restante. C'est un moyen pratique de prolonger légèrement le temps de cuisson tout en économisant un peu de temps et en évitant les éclaboussures.

10. Retirez le couvercle. Faites attention et soulevez le couvercle avec précaution en l'inclinant pour l'éloigner de vous afin que la vapeur résiduelle ou l'eau qui se condense généralement sur le couvercle puisse s'échapper en toute sécurité. Transférez les aliments dans des assiettes et savourez un repas maison sain et délicieux.

Conseils pratiques pour de meilleurs résultats

- Mesurez soigneusement tous les ingrédients, en particulier l'eau ou le bouillon. Le temps de cuisson dans la recette est basé sur le volume des aliments, donc tout changement peut affecter le temps de cuisson.

- Comme la cuisson est rapide, assurez-vous de rassembler tous les ingrédients et de faire tous les préparatifs nécessaires, comme hacher ou couper les ingrédients, rassembler les épices du garde-manger et mesurer le liquide, avant d'allumer l'autocuiseur.

- Pour une cuisson uniforme, coupez les aliments en morceaux de taille similaire.

- Lorsque le temps de cuisson recommandé est écoulé, si vous constatez que les aliments ne sont pas aussi cuits que vous le souhaiteriez, vous pouvez recouvrir l'autocuiseur et faire cuire les aliments plus longtemps. Pour ce faire, fermez le couvercle, mettez l'autocuiseur en marche et réglez la minuterie pour quelques minutes seulement — 3 à 5 minutes. Pour éviter la surcuisson, n'utilisez pas de longues durées prolongées. Lorsque le temps supplémentaire est écoulé, relâchez la pression comme indiqué initialement. Après avoir utilisé votre autocuiseur à plusieurs reprises et essayé quelques recettes, vous saurez si les temps de cuisson doivent être adaptés à votre modèle particulier d'autocuiseur ou à vos préférences personnelles.

- Lorsque vous calculez le temps nécessaire pour que les aliments soient prêts à être servis, n'oubliez pas d'inclure le temps nécessaire pour chauffer l'autocuiseur, cuire les aliments et relâcher la pression. Par exemple, si une recette indique de cuire à haute pression pendant 10 minutes, il peut falloir 5 à 10 minutes pour augmenter la pression avant que le minuteur ne commence à compter. Après la cuisson, si la recette prévoit de relâcher la pression naturellement pendant 10 minutes, puis de relâcher rapidement la pression restante, le temps total du début à la fin sera d'environ 30 minutes. Si vous utilisez le mode de cuisson sauté au début de la recette, ajoutez 5 minutes supplémentaires au temps de cuisson total. Chaque recette de ce livre calcule le temps total, qui comprend la préparation, la cuisson et le temps de montée en pression et de relâchement de la pression.

- De nombreux cuiseurs ont des fonctions ou des modes de cuisson prédéfinis, comme pour la soupe, la viande ou les haricots. L'autocuiseur peut ainsi choisir automatiquement la température et la pression recommandées par le fabricant pour cuire au mieux l'aliment en question. Si votre appareil dispose de ces modes, essayez-les pour un type de plat similaire et évaluez les résultats. Par exemple, si la recette de soupe que vous réalisez exige une pression élevée, vous pouvez choisir d'utiliser le mode soupe s'il est disponible sur votre appareil. Ou, à l'inverse, si une recette prévoit l'utilisation du mode soupe et que votre appareil ne dispose pas de ce mode, vous pouvez alors utiliser le mode manuel/à haute pression. Ces réglages ont souvent des temps de cuisson prédéfinis, donc si vous utilisez ces modes pour l'une des recettes de ce livre, utilisez le temps de cuisson prévu dans la recette.

Conseils pour un nettoyage efficace du Foodi

- Suivez le manuel du fabricant pour le nettoyage de votre autocuiseur. Certaines pièces peuvent aller au lave-vaisselle, mais vérifiez le manuel. Une petite brosse peut aider à nettoyer le pourtour du couvercle. N'immergez pas la base chauffante dans l'eau.

- Le joint en silicone du couvercle doit être maintenu propre. Si vous cuisinez des aliments à forte odeur ou aromatiques, il peut retenir les odeurs. Pour réduire ce risque, retirez le joint, puis lavez-le et séchez-le soigneusement. Trempez le joint dans un mélange de vinaigre blanc distillé et d'eau et lavez-le bien pour éviter les odeurs. Pour éviter tout transfert d'odeur à d'autres aliments, achetez un joint supplémentaire que vous pourrez utiliser pour la cuisson du poisson ou du curry et gardez-en un pour la préparation du yaourt ou d'autres aliments à saveur plus douce.

- Si votre récipient de cuisson est en acier inoxydable et que des résidus alimentaires y adhèrent, essayez un nettoyant non abrasif pour appareils ou une poudre nettoyante pour nettoyer la surface sans la rayer.

Conseils pour une cuisine saine

- Les autocuiseurs sont un appareil idéal pour cuire les céréales complètes, les haricots, les fruits, les légumes, les soupes, les ragoûts, la volaille, les viandes extra-maigres et maigres, la volaille sans peau et les fruits de mer.

- Assurez-vous de couper et de jeter toute la graisse visible avant de placer les aliments dans l'autocuiseur.

- Faire sauter les aliments ajoute de la couleur et de la saveur. Cette étape est donc utile, même si elle prend un peu plus de temps pour compléter votre plat. Veillez à utiliser une huile végétale saine, telle que l'huile de canola, de maïs ou d'olive, et mesurez-la de manière à ne pas dépasser 2 à 3 cuillères. Si votre cuiseur est en acier inoxydable (et NON recouvert d'un revêtement antiadhésif), vous pouvez, si vous le préférez, enduire légèrement la marmite d'un aérosol de cuisson au lieu d'utiliser de l'huile.

- Utilisez beaucoup d'herbes fraîches ou séchées et d'autres arômes sans sodium, tels que le jus de citron ou le vinaigre, à la place du sel ajouté. En cas de cuisson sous pression, vous pouvez ajouter des herbes fraîches et séchées au début de la cuisson. Si vous le souhaitez, saupoudrez d'autres herbes fraîches avant de servir.

- De nombreuses recettes de ce livre nécessitent un bouillon. Préparez vos propres bouillons sans matières grasses et pauvres en sodium en préparant et en congelant du bouillon de poulet, du bouillon de bœuf et du bouillon de légumes afin de les avoir à portée de main lorsque vous en aurez besoin.

À propos des recettes de ce livre

Les recettes de ce livre sont pour la plupart organisées par ingrédient principal. Lorsque vous regardez les recettes pour la première fois, elles peuvent sembler longues, mais ne vous inquiétez pas. J'ai essayé d'être aussi explicite et complet que possible en expliquant les paramètres, les heures et les couvercles à utiliser à chaque étape du processus. Une fois que vous avez pris l'habitude d'utiliser votre Ninja Foodi, la plupart des recettes sont faciles et assez rapides.

La plupart des recettes de ce livre font quatre portions, tandis que certaines en font six. Pour les plats principaux, les portions sont généreuses, donc si vous avez moins d'appétit, elles peuvent donner plus que le nombre de portions spécifié.

Au début de chaque recette, il y a une section qui indique le temps total de préparation et de cuisson. Le temps de préparation comprend des tâches comme le hachage et le mélange, et parfois la finition des plats. Le temps total comprend tous les temps nécessaires, pour la préparation et la cuisson plus une moyenne du temps qu'il faut à un plat pour arriver à la pression, lorsque cela est applicable. Je m'efforce d'être aussi précise que possible, mais des ingrédients, des équipements et des compétences culinaires variables peuvent affecter ces temps.

Recettes pour Ninja Foodi

PETIT DÉJEUNER

Casserole de petit déjeuner

Temps total : **40 minutes**
Sert **4 personnes**

Ingrédients

- 225 g de chips de tortilla de maïs
- 1 tasse de salsa verte
- 2 tasses de fromage au poivre râpé
- 3 gros œufs
- ¼ tasse de lait entier
- ¼ tasse de crème épaisse
- 1 cuillère de mélange d'assaisonnement mexicain
- ¼ cuillère de sel

Préparation

1. Placez environ la moitié des chips dans un plat résistant à la chaleur. Versez la salsa sur les chips et remuez doucement pour répartir la salsa. Saupoudrez environ la moitié du fromage sur le dessus.

2. Dans un bol moyen, fouettez les œufs, le lait, la crème épaisse, l'assaisonnement et le sel. Versez le mélange d'œufs sur les chips et le fromage. Couvrez le plat avec du papier d'aluminium.

3. Versez 1 tasse d'eau dans le pot du Foodi. Placez le support réversible dans le pot en position basse et placez le plat sur le dessus. Verrouillez le couvercle à pression en place, en vous assurant que la valve est réglée sur Seal. Sélectionnez Pressure et réglez la pression sur High et le temps de cuisson sur 10 minutes. Appuyez sur Start.

4. Après la cuisson, laissez la pression se relâcher naturellement pendant 5 minutes, puis relâchez rapidement la pression restante. Déverrouillez et retirez soigneusement le couvercle à pression.

5. Retirez le papier d'aluminium. Placez environ la moitié des chips restantes sur le dessus du plat et saupoudrez-le avec la moitié du fromage restant. Répétez les couches avec les chips et le fromage restants.

6. Fermez le couvercle à croustiller. Sélectionnez Broil et réglez le temps à 7 minutes. Appuyez sur Start. Faites griller jusqu'à ce que le fromage soit fondu et que les chips soient brunies par endroits.

7. Retirez le plat du Foodi et laissez-le refroidir pendant plusieurs minutes, puis servez-le avec de la salsa supplémentaire.

Œufs écossais

Temps total : **40 minutes**
Sert **4 personnes**

Ingrédients

- 4 gros œufs
- 350 g de chair à saucisse en vrac
- 1 tasse de chapelure
- 2 cuillères de beurre non salé fondu

Préparation

1. Versez 1 tasse d'eau dans le pot du Foodi. Placez le support réversible dans le pot en position basse et placez les œufs sur le dessus.

2. Verrouillez le couvercle à pression en place, en vous assurant que la valve est réglée sur Seal. Sélectionnez Pressure et réglez la pression sur High et le temps de cuisson sur 3 minutes. Appuyez sur Start.

3. Pendant que les œufs cuisent, préparez un bain de glace en remplissant à moitié un bol moyen d'eau froide et en y ajoutant une poignée de glaçons.

4. Après la cuisson des œufs, relâchez rapidement la pression. Déverrouillez et retirez délicatement le couvercle à pression.

5. À l'aide de pinces, transférez les œufs dans le bain de glace. Laissez-les refroidir pendant 3 à 4 minutes ou jusqu'à ce qu'ils soient assez froids pour être manipulés. Pelez soigneusement les œufs et séchez-les.

6. Videz l'eau du pot et remettez le pot dans le Foodi. Vaporisez le support réversible avec de l'huile ou de l'aérosol de cuisson. Assurez-vous que le support est en position haute et placez-le dans le pot.

7. Fermez le couvercle à croustiller. Sélectionnez Air Crisp et réglez la température sur 180 °C (360 °F) et le temps de préchauffage sur 4 minutes. Appuyez sur Start.

8. Pendant que la marmite préchauffe, divisez la saucisse en quatre morceaux et aplatissez chaque morceau en un ovale. Placez un œuf à la fois sur un ovale de saucisse et tirez doucement la saucisse autour de l'œuf, en scellant les bords.

9. Dans un petit bol, mélangez la chapelure et le beurre fondu. Un par un, roulez les œufs recouverts de saucisses dans les miettes, en pressant fermement chapelure dans la saucisse.

10. Ouvrez le couvercle à croustiller et déposez délicatement les œufs enrobés sur le support. Fermez le couvercle à croustiller. Sélectionnez Air Crisp et ajustez la température à 180 °C (360 °F) et le temps de cuisson à 15 minutes. Appuyez sur Start.

11. Lorsque la cuisson est terminée, la chapelure doit être croustillante et bien dorée. Retirez soigneusement les œufs et laissez-les refroidir pendant plusieurs minutes. Coupez-les en deux et servez.

Toast à la cannelle

Temps total : **25 min**
Sert **4 personnes**

Ingrédients

- ⅔ tasse de lait entier
- ⅔ tasse de crème épaisse
- 3 gros œufs
- 1 gros jaune d'œuf
- 1 cuillère de sirop d'érable ou de miel
- ¼ cuillère d'extrait de vanille
- 1 pincée de sel
- 8 petites tranches de pain de mie
- 6 cuillères de beurre non salé
- ½ tasse de sucre
- 1 cuillère de cannelle moulue

Préparation

1. Versez le lait et la crème épaisse dans un petit bol profond. Ajouter les œufs, le jaune d'œuf, le sirop d'érable, la vanille et le sel. À l'aide d'un mélangeur à immersion ou d'un batteur électrique à main, mélangez bien les ingrédients. Versez la crème dans un plat peu profond et assez large pour y mettre une tranche de pain.

2. Placez un support métallique sur une plaque de cuisson à rebord (si le support n'est pas antiadhésif, vaporisez-le d'un aérosol de cuisson).

3. Placez une tranche de pain dans la crème et laissez-la tremper pendant 20 secondes. Retournez-la et laissez-la encore tremper pendant 20 secondes. À l'aide d'une grande spatule à fentes, retirez délicatement la tranche de pain de la crème et placez-la sur le support préparé. Répétez l'opération avec les autres tranches de pain et la crème. S'il vous reste de la crème, arrosez-la uniformément sur le pain.

4. Sur votre Foodi, sélectionnez Sear/Sauté et réglez sur Medium pour réchauffer le pot. Appuyez sur Start. Laissez le pot préchauffer pendant 5 minutes.

5. Mettez 2 cuillères de beurre dans le pot et faites chauffer jusqu'à ce qu'il mousse, puis ajoutez les tranches de pain. Si elles ne tiennent pas en une seule couche, faites cuire les toasts par lots, en utilisant plus de beurre si nécessaire. Faites cuire pendant 2 à 3 minutes ou jusqu'à ce que la surface soit d'un brun

doré profond avec quelques taches plus foncées. Retournez les tranches et faites-les cuire sur le deuxième côté pendant environ 2 minutes ou jusqu'à ce que ce côté soit bien doré. Transférez les tranches cuites sur le support métallique.

6. Essuyez le pot et remettez-le dans le Foodi. Placez le support réversible dans le pot en position haute.

7. Fermez le couvercle à croustiller. Sélectionnez Broil et réglez le temps de préchauffage à 2 minutes. Appuyez sur Start.

8. Pendant que le gril se réchauffe, dans un petit bol, mélangez le sucre et la cannelle. Étalez une fine couche de beurre sur un côté de chaque tranche de pain doré et saupoudrez le sucre à la cannelle uniformément sur les tranches.

9. Déposez délicatement les tranches de pain sur le support. (Si elles ne tiennent pas sur une seule couche, faites-les griller en deux fois.) Fermez le couvercle à croustiller. Sélectionnez à nouveau Broil et réglez le temps de cuisson à 4 minutes. Appuyez sur Start. Servez immédiatement.

Sandwich de petit déjeuner

Temps total : **15 minutes**
Sert **2 personnes**

Ingrédients

- 2 cuillères de beurre non salé
- 2 cuillères de jambon coupé en dés
- 2 gros œufs
- ⅛ cuillère de sel
- Poivre noir fraîchement moulu
- 2 cuillères de cheddar râpé
- 2 muffins anglais, coupés en deux

Préparation

1. Enduisez l'intérieur de deux tasses ou petits moules résistants à la chaleur avec une cuillère de beurre. Répartissez le jambon entre les deux tasses. Cassez un œuf dans chaque tasse et percez soigneusement les jaunes à plusieurs endroits. Saupoudrez de sel et de poivre, puis répartissez le fromage entre les deux tasses en couvrant les œufs. Couvrez les tasses avec du papier d'aluminium, en le sertissant pour le sceller.

2. Versez 1 tasse d'eau dans le pot de Foodi. Placez le support réversible dans le pot en position basse et placez les tasses sur le dessus.

3. Verrouillez le couvercle à pression en place, en vous assurant que la valve est réglée sur Seal. Sélectionnez Pressure et réglez la pression sur High et le temps de cuisson sur 1 minute. Appuyez sur Start.

4. Après la cuisson, relâchez rapidement la pression. Déverrouillez et retirez le couvercle à pression avec précaution. Retirez le support et mettez les tasses de côté, mais ne retirez pas le papier d'aluminium.

5. Videz l'eau du pot et remettez le pot dans le Foodi. À l'aide de pinces, placez les tasses au fond du pot. Placez le support réversible dans le pot en position haute.

6. Fermez le couvercle à croustiller. Sélectionnez Broil et réglez le temps de préchauffage à 2 minutes. Appuyez sur Start.

7. Pendant que le Food chauffe, étalez la cuillère de beurre restante sur les moitiés de muffins anglais.

8. Ouvrez le couvercle à croustiller et disposez les moitiés de muffins anglais sur le support, côté beurré vers le haut. Fermez le couvercle. Sélectionnez à nouveau Broil et réglez le temps de cuisson à 4 minutes. Appuyez sur Start.

9. Lorsque les muffins sont grillés, transférez-les sur une planche à découper et retirez les tasses à l'aide de pinces. Pour servir, utilisez une petite spatule ou un couteau pour détacher les œufs. Déposez-les sur la moitié inférieure d'un des muffins anglais. Recouvrez avec l'autre moitié.

Porridge crémeux à l'amande

Temps total : **35 minutes**
Sert **4 personnes**

Ingrédients

- ½ tasse d'amandes effilées
- 2 cuillères de beurre non salé
- 1 tasse d'avoine coupée
- ⅛ cuillère de sel
- 2 cuillères de sucre
- ½ cuillère d'extrait de vanille
- ¼ cuillère de cannelle moulue
- 2 tasses d'eau
- 1 tasse de lait entier

Préparation

1. Versez les amandes dans un bol résistant à la chaleur qui tient dans le panier Cook & Crisp. Placez le panier dans le Foodi et placez le bol dans le panier. Fermez le couvercle à croustiller. Sélectionnez Air Crisp et réglez la température à 190 °C (375 °F) et le temps de cuisson à 5 minutes. Appuyez sur Start. Lorsque les amandes sont grillées, retirez le bol et le panier de la marmite et mettez-les de côté.

2. Sur votre Foodi, sélectionnez Sear/Sauté et réglez sur Medium pour préchauffer le pot. Appuyez sur Start. Laissez le pot préchauffer pendant 5 minutes. Mettez le beurre dans le pot. Lorsque le beurre cesse de mousser, ajoutez l'avoine et remuez pour enrober le beurre. Poursuivez la cuisson pendant 2 à 3 minutes ou jusqu'à ce que l'avoine ait une odeur de noisette.

3. Ajoutez le sel, le sucre, la vanille, la cannelle, l'eau et le lait. Mélangez le tout.

4. Verrouillez le couvercle à pression en place, en vous assurant que la soupape est réglée sur Seal. Sélectionnez Pressure et réglez la pression sur High et le temps de cuisson sur 10 minutes. Appuyez sur Start.

5. Après la cuisson, laissez la pression se relâcher naturellement pendant 10 minutes, puis relâchez rapidement la pression restante. Déverrouillez et retirez soigneusement le couvercle à pression.

6. Versez les flocons d'avoine dans quatre bols. Garnissez avec les amandes grillées. Ajustez à votre goût, en ajoutant du lait ou du sucre si vous le souhaitez.

Clafoutis de petit déjeuner

Temps total : **40 minutes**
Sert **4 personnes**

Ingrédients

- 2 cuillères de beurre non salé, ramolli
- 1 tasse de cerises surgelées, décongelées, égouttées et séchées
- ⅔ tasse de lait entier
- ⅓ tasse de crème épaisse
- ⅓ tasse de sucre
- ½ tasse de farine tout usage
- 2 gros œufs
- ½ cuillère d'extrait de vanille
- ¼ cuillère de cannelle
- 1 pincée de sel
- 1 à 2 cuillères de sucre glace

Préparation

1. Enduisez l'intérieur de quatre tasses ou ramequins avec du beurre ramolli. Répartissez les cerises de manière égale dans les tasses.

2. Dans un bol, mélangez le lait, la crème, le sucre, la farine, les œufs, la vanille et le sel. À l'aide d'un batteur à main, battez les ingrédients à vitesse moyenne jusqu'à ce que la pâte soit lisse, environ 2 minutes. Versez la pâte sur les baies. Les tasses doivent être remplies à environ ¾ de pâte.

3. Ajoutez 1 tasse d'eau dans le pot de Foodi. Placez le support réversible en position basse dans le pot et placez les tasses sur le dessus, en les empilant si nécessaire. Placez un carré de papier d'aluminium sur les tasses, mais ne le pliez pas (c'est juste pour éviter que la vapeur ne se condense à la surface des cakes). Verrouillez le couvercle à pression en place, en vous assurant que la soupape est réglée sur Seal. Sélectionnez Pressure ; réglez la pression sur High et le temps de cuisson sur 11 minutes. Appuyez sur Start.

4. Après la cuisson, relâchez rapidement la pression. Déverrouillez et retirez le couvercle à pression avec précaution.

5. Retirez soigneusement le papier d'aluminium. Si vous avez empilé les ramequins, retirez la deuxième couche et faites l'étape suivante par lots.

6. Fermez le couvercle à croustiller et sélectionnez Bake/Roast. Ajustez la température à 200 °C (400 °F) et le temps de préchauffage à 6 minutes. Appuyez sur Start. Vérifiez après environ 4 minutes ; le dessus des clafoutis

doit être légèrement bruni. Poursuivez la cuisson si nécessaire, et répétez l'opération pour la deuxième fournée si nécessaire.

7. Laissez les clafoutis refroidir pendant environ 5 minutes, puis saupoudrez-les de sucre glace. Servez les clafoutis chauds.

Frittata aux artichauts

Temps total : **30 minutes**
Sert **4 personnes**

Ingrédients

- 2 cuillères de beurre non salé
- ½ petit oignon, haché
- ¼ gros poivron rouge, haché
- 1 tasse de cœurs d'artichauts grossièrement hachés
- 8 gros œufs
- ¼ cuillère de sel
- ¼ tasse de lait entier
- ¾ tasse de mozzarella râpée
- ¼ tasse de parmesan râpé
- ¼ cuillère de poivre noir fraîchement moulu

Préparation

1. Sur votre Foodi, sélectionnez Sear/Sauté et réglez sur Medium-High pour préchauffer le pot. Appuyez sur Start. Laissez le pot préchauffer pendant 5 minutes. Mettez le beurre dans le pot et faites-le chauffer jusqu'à ce qu'il ne mousse plus. Ajouter l'oignon, le poivron et les cœurs d'artichauts. Faites cuire pendant environ 5 minutes, en remuant de temps en temps, ou jusqu'à ce que l'oignon et le poivron soient tendres.

2. Pendant que les légumes cuisent, dans un bol moyen, fouettez les œufs avec le sel. Laissez reposer pendant une minute ou deux. Ajoutez le lait et fouettez à nouveau. Les œufs doivent être bien mélangés, sans laisser de traces de blanc, mais sans mousse. Ajoutez en remuant ½ tasse de fromage mozzarella.

3. Lorsque les légumes sont tendres, versez le mélange d'œufs et de fromage dans le pot. Remuez doucement pour répartir les légumes uniformément. Réglez le cuiseur sur Medium et laissez les œufs cuire, sans les déranger, pendant 7 à 9 minutes ou jusqu'à ce que les bords soient pris. Le centre sera encore assez liquide. (Si la frittata commence à former de grosses bulles au fond, utilisez une spatule en silicone pour percer les bulles et laissez l'air sortir pour que la frittata s'aplatisse à nouveau).

4. Appuyez sur Stop pour annuler la fonction Sear/Sauté. Passez une spatule en silicone sur les bords de la frittata pour la déloger des côtés du pot.

5. Fermez le couvercle à croustiller. Sélectionnez Bake/Roast et réglez la température à 190 °C (375 °F) et le temps de cuisson à 3 minutes. Appuyez sur

Start. Après 1 minute, ouvrez le couvercle et saupoudrez le reste de mozzarella et le parmesan sur la frittata. Fermez le couvercle et faites cuire pendant les 2 minutes restantes. Ouvrez le couvercle. Le fromage doit être fondu, avec le dessus complètement pris, mais non bruni. Saupoudrez la frittata de poivre.

6. Laissez la frittata reposer pendant 1 à 2 minutes. Vous pouvez diviser la frittata en quatre parties dans le pot, en utilisant une spatule en silicone pour ne pas rayer le revêtement du pot. Ou si vous préférez, retirez le pot du fond, passez à nouveau la spatule sur les bords et faites glisser l'ensemble de la frittata sur une assiette ou une planche à découper avant de la couper en quartiers.

BOUILLONS ET SAUCES

Bouillon de poulet

Temps total : **120 minutes**
Rendement : **1 litre**

Ingrédients

- 900 g d'os de poulet
- ⅛ cuillère de sel
- 3½ tasses d'eau

Préparation

1. Placez les os de poulet dans le pot de Foodi et saupoudrez de sel. Ajoutez l'eau ; ne vous inquiétez pas si elle ne couvre pas le poulet.

2. Verrouillez le couvercle à pression en place, en vous assurant que la valve est réglée sur Seal. Sélectionnez Pressure ; réglez la pression sur High et le temps de cuisson sur 90 minutes. Appuyez sur Start.

3. Après la cuisson, laissez la pression se relâcher naturellement pendant 15 minutes, puis relâchez rapidement la pression restante. Déverrouillez et retirez soigneusement le couvercle à pression.

4. Tapissez une passoire avec un coton à fromage ou une serviette en coton propre et placez-la au-dessus d'un grand bol. Versez les os de poulet et le bouillon dans la passoire pour les égoutter. Laissez le bouillon refroidir. Réfrigérez-le pendant plusieurs heures ou toute une nuit pour que la graisse durcisse sur le bouillon.

5. Retirez la couche de graisse du bouillon. Si vous en avez beaucoup plus qu'un litre de bouillon, remettez-le dans le pot de Foodi. Sélectionnez Sear/Sauté et réglez sur High. Appuyez sur Start. Portez le bouillon à ébullition et faites-le cuire jusqu'à ce qu'il soit réduit à environ un litre.

Bouillon de légumes

Temps total : **100 minutes**
Rendement : **1 litre**

Ingrédients

- 1 oignon, coupé en quartiers
- 2 grosses carottes, pelées, coupées en morceaux
- 1 cuillère à soupe d'huile végétale
- 350 g de champignons, tranchés
- ⅛ cuillère de sel
- 3½ tasses d'eau

Préparation

1. En vous assurant que le panier Cook & Crisp est retiré du pot, fermez le couvercle à croustiller de votre Foodi et sélectionnez Bake/Roast ; ajustez la température à 200 °C (400 °F) et le temps de préchauffage à 3 minutes. Appuyez sur Start.

2. Pendant que le pot préchauffe, placez les morceaux d'oignons et de carottes dans le panier Cook & Crisp et arrosez-les avec l'huile végétale. Mélangez pour enrober.

3. Placez le panier dans le pot. Fermez le couvercle à croustiller et sélectionnez Bake/Roast ; réglez la température à 200 °C (400 °F) et le temps de cuisson à 15 minutes. Appuyez sur Start. À la moitié du temps de cuisson, ouvrez le couvercle et remuez les légumes.

4. Retirez le panier du pot et ajoutez les oignons et les carottes. Ajoutez les champignons et saupoudrez de sel. Ajoutez l'eau.

5. Verrouillez le couvercle à pression en place, en vous assurant que la soupape est réglée sur Seal. Sélectionnez Pressure ; réglez la pression sur High et le temps de cuisson sur 60 minutes. Appuyez sur Start.

6. Après la cuisson, laissez la pression se relâcher naturellement pendant 15 minutes, puis relâchez rapidement la pression restante. Déverrouillez et retirez soigneusement le couvercle à pression.

7. Tapissez une passoire d'un coton à fromage ou d'une serviette en coton propre et placez-la au-dessus d'un grand bol. Versez les légumes et le bouillon dans la passoire et laissez le bouillon passer dans le bol. Jetez les légumes.

Champignons sautés

Temps total : **25 minutes**
Rendement : **2 tasses**

Ingrédients

- 450 g de champignons blancs de Paris, tiges parées
- 2 cuillères de beurre non salé (ou d'huile d'olive)
- ¼ cuillère de sel
- ¼ tasse d'eau

Préparation

1. Coupez en quatre les champignons moyens et en huit les gros champignons. Mettez les champignons, le beurre ou l'huile, et le sel dans le pot de Foodi. Versez l'eau.

2. Verrouillez le couvercle à pression, en vous assurant que la vanne est réglée sur Seal. Sélectionnez Pressure ; réglez la pression sur High et le temps de cuisson sur 5 minutes. Appuyez sur Start.

3. Après la cuisson, relâchez rapidement la pression. Déverrouillez et retirez le couvercle à pression avec précaution.

4. Comme les champignons ont exsudé de l'eau pendant la cuisson, il y aura plus de liquide dans la marmite, et les champignons seront plus petits qu'au début de la cuisson. Sélectionnez Sear/Sauté et réglez la chaleur sur High. Appuyez sur Start. Portez à ébullition et faites cuire pendant environ 5 minutes ou jusqu'à ce que toute l'eau s'évapore. Les champignons vont commencer à grésiller dans le beurre (ou l'huile) qui reste. Laissez-les dorer pendant environ 1 minute, puis remuez pour faire dorer les autres côtés.

Oignons caramélisés

Temps total : **65 minutes**
Rendement : **2 tasses**

Ingrédients

- 2 cuillères de beurre non salé
- 3 très gros oignons, tranchés
- 2 cuillères à soupe d'eau
- ½ cuillère de sel

Préparation

1. Sur votre Foodi, sélectionnez Sear/Sauté et réglez sur Medium pour réchauffer le pot. Appuyez sur Start. Laissez le pot préchauffé pendant 5 minutes. Ajoutez le beurre pour le faire fondre. Ajoutez les oignons, l'eau et le sel. Remuez pour mélanger.

2. Verrouillez le couvercle à pression en place, en vous assurant que la vanne est réglée sur Seal. Sélectionnez Pressure ; réglez la pression sur High et le temps de cuisson sur 30 minutes. Appuyez sur Start.

3. Après la cuisson, laissez la pression se relâcher naturellement pendant 5 minutes, puis relâchez rapidement la pression restante.

4. Déverrouillez et retirez soigneusement le couvercle à pression. Les oignons doivent être très tendres et de couleur brun clair. Il y aura beaucoup de liquide dans l'autocuiseur. Sélectionnez Sear/Sauté et réglez sur Medium-High. Appuyez sur Start. Faites mijoter jusqu'à ce que la plus grande partie du liquide soit éliminée et que les oignons se tiennent ensemble et noircissent légèrement, environ 15 minutes.

Sauce Teriyaki

Temps total : **10 minutes**
Rendement : **¾ tasse**

Ingrédients

- ½ tasse de sauce soja
- 3 cuillères à soupe de miel
- 1 cuillère à soupe de vinaigre de riz
- 1 cuillère à soupe de vin de riz
- 2 cuillères de gingembre frais pelé et haché
- 2 gousses d'ail, hachées

Préparation

Dans un petit bol, mélangez la sauce soja, le miel, le vinaigre, le vin, le gingembre et l'ail. Fouettez jusqu'à ce que le tout soit bien mélangé. Utilisez la sauce telle quelle, ou, pour une sauce plus épaisse ou un glaçage, transférez dans le pot de Foodi. Sélectionnez Sear/Sauté et réglez sur Medium. Appuyez sur Start. Amenez à ébullition et faites cuire pendant environ 10 minutes ou jusqu'à ce que la sauce atteigne la consistance désirée. Il est préférable d'utiliser la sauce immédiatement, mais elle peut être réfrigérée pendant la nuit (ou jusqu'à une semaine si elle est mijotée).

Sauce barbecue

Temps total : **25 minutes**
Rendement : **¾ tasse**

Ingrédients

- 1½ tasse de tomates égouttées
- 2 gousses d'ail, pelées
- 1 petit oignon, coupé en huit
- 2 cuillères de sucre brun
- 1 cuillère de poudre de piment ancho
- ½ cuillère de sel
- 1 cuillère de paprika fumé
- 1 cuillère de moutarde sèche
- ½ cuillère de poivre noir moulu
- 1 cuillère de mélasse
- 1 cuillère de vinaigre de cidre de pomme

Préparation

1. Versez les tomates dans le pot de Foodi. Ajoutez l'ail, l'oignon, le sucre brun, la poudre de chili, le sel, le paprika, la moutarde sèche, le poivre, la mélasse et le vinaigre.

2. Verrouillez le couvercle à pression en place, en vous assurant que la soupape est réglée sur Seal. Sélectionnez Pressure ; réglez la pression sur High et le temps de cuisson sur 6 minutes. Appuyez sur Start.

3. Après la cuisson, laissez la pression se relâcher naturellement pendant 5 minutes, puis relâchez rapidement la pression restante.

4. Déverrouillez et retirez soigneusement le couvercle à pression. À l'aide d'un mixeur à immersion, réduisez la sauce en purée jusqu'à ce qu'elle soit lisse. Laissez-la refroidir. À conserver au réfrigérateur jusqu'à 1 semaine.

Sauce moutarde

Temps total : **20 minutes**
Rendement : **1 tasse**

Ingrédients

- ½ tasse de moutarde jaune
- ½ tasse de moutarde de Dijon
- ¼ tasse de miel
- ¼ tasse de vinaigre de cidre de pomme
- 2 cuillères à soupe de beurre non salé
- 1 cuillère à soupe de ketchup
- ½ cuillère de sel
- 1 cuillère de poivre noir moulu
- ¼ cuillère de sauce aux piments forts, comme le Tabasco

Préparation

1. Dans le pot de Foodi, mélangez les moutardes jaune et de Dijon, le miel, le vinaigre, le beurre, le ketchup, le sel, le poivre et la sauce piquante.

2. Verrouillez le couvercle à pression en place, en vous assurant que la valve est réglée sur Seal. Sélectionnez Pressure ; réglez la pression sur High et le temps de cuisson sur 5 minutes. Appuyez sur Start.

3. Après la cuisson, laissez la pression se relâcher naturellement pendant 5 minutes, puis relâchez rapidement la pression restante.

4. Déverrouillez et retirez soigneusement le couvercle à pression. Laissez refroidir la sauce, puis réfrigérez-la. La sauce se conservera pendant 10 jours au réfrigérateur.

Sauce Marinara

Temps total : **35 minutes**
Rendement : **1 tasse**

Ingrédients

- 850 g de tomates entières en conserve
- ¼ tasse d'huile d'olive
- 1 petit oignon, haché
- 2 cuillères d'ail grossièrement haché
- ½ cuillère de feuilles d'origan séchées
- ¼ cuillère de flocons de piment rouge
- ½ cuillère de sel

Préparation

1. Versez les tomates dans un grand bol et utilisez vos mains, une grande fourchette ou un presse-purée pour les écraser. Vous pouvez utiliser un mixeur à immersion, mais allez-y doucement si vous le faites ; il faut des morceaux de tomates, pas une purée.

2. Sur votre Foodi, sélectionnez Sear/Sauté et réglez sur Medium pour réchauffer le pot. Appuyez sur Start. Laissez le pot préchauffer pendant 5 minutes. Ajoutez l'huile d'olive et faites chauffer jusqu'à ce qu'elle devienne brillante. Ajoutez l'oignon et l'ail. Faites cuire pendant 5 minutes, en remuant de temps en temps, ou jusqu'à ce que l'oignon et l'ail soient parfumés et commencent à brunir.

3. Ajoutez les tomates, l'origan, les flocons de piment rouge et le sel en remuant.

4. Verrouillez le couvercle à pression en place, en vous assurant que la soupape est réglée sur Seal. Sélectionnez Pressure ; réglez la pression sur High et le temps de cuisson sur 10 minutes. Appuyez sur Start.

5. Après la cuisson, laissez la pression se relâcher naturellement pendant 5 minutes, puis relâchez rapidement la pression restante.

6. Déverrouillez et retirez soigneusement le couvercle à pression. Si la sauce est dentelée, sélectionnez Sear/Sauté et réglez sur Medium-High. Appuyez sur Start. Laissez mijoter et faites cuire jusqu'à ce que la sauce épaississe. Si vous ne l'utilisez pas immédiatement, laissez-la refroidir, puis réfrigérez la sauce.

PLATS PRINCIPAUX

Aubergines au parmesan

Temps total : **40 minutes**
Sert **4 personnes**

Ingrédients

- 1 grosse aubergine, coupée en rondelles
- 1 cuillère de sel
- 3 cuillères de beurre non salé fondu
- 1½ tasse de chapelure
- ⅓ tasse de parmesan râpé
- 2 tasses de sauce Marinara
- 1 tasse de fromage mozzarella râpé

Préparation

1. Saupoudrez les tranches d'aubergines des deux côtés avec le sel et placez-les sur un support métallique au-dessus d'une plaque de cuisson à rebord pour qu'elles s'égouttent pendant 5 à 10 minutes.

2. Pendant que les aubergines s'égouttent, dans un bol moyen, mélangez le beurre fondu, la chapelure et le parmesan. Mettez la préparation de côté.

3. Rincez les tranches d'aubergine et séchez-les. Placez-les en une seule couche (autant que possible) dans le pot de Foodi et recouvrez-les de la sauce Marinara.

4. Verrouillez le couvercle à pression en place, en vous assurant que la valve est réglée sur Seal. Sélectionnez Pressure et réglez la pression sur High et le temps de cuisson sur 5 minutes. Appuyez sur Start.

5. Après la cuisson, relâchez rapidement la pression. Déverrouillez et retirez le couvercle à pression avec précaution.

6. Couvrez les tranches d'aubergines avec la mozzarella. Fermez le couvercle à croustiller. Sélectionnez Bake/Roast et réglez la température à 190 °C (375 °F) et le temps de cuisson à 2 minutes. Appuyez sur Start.

7. Lorsque la cuisson est terminée, ouvrez le couvercle et saupoudrez les aubergines et le fromage avec le mélange de chapelure. Refermez le couvercle à croustiller. Sélectionnez Bake/Roast et réglez la température à 190 °C (375 °F) et le temps de cuisson à 8 minutes. Appuyez sur Start. Une fois la cuisson terminée, la garniture doit être brune et croustillante ; sinon, faites-la griller pendant 1 à 2 minutes de plus. Servez le plat immédiatement.

Salade de haricots blancs

Temps total : **30 minutes**
Sert **4 personnes**

Ingrédients

- 400 g de haricots blancs secs
- 5 cuillères d'huile d'olive
- 1 litre d'eau
- 3 cuillères de jus de citron
- 1 cuillère de cumin moulu
- ¼ cuillère de poivre noir moulu
- 1 poivron rouge ou vert moyen, haché
- 1 grosse branche de céleri, hachée
- 3 oignons verts, hachés
- 1 grosse tomate, épépinée et hachée
- ½ concombre, pelé, épépiné et haché
- 1 tasse de fromage feta émietté
- 2 cuillères de menthe fraîche hachée
- ¼ tasse de persil frais haché
- 2 cuillères de sel

Préparation

1. Dans un grand bol, faites dissoudre 1½ cuillère de sel dans 1 litre d'eau. Ajoutez les haricots et laissez tremper à température ambiante pendant 8 à 24 heures.

2. Égouttez et rincez les haricots. Placez-les dans le pot de Foodi. Ajoutez 1 cuillère d'huile d'olive et remuez pour enrober les haricots. Ajoutez 1 litre d'eau et ¼ cuillère de sel.

3. Verrouillez le couvercle à pression en place, en vous assurant que la valve est réglée sur Seal. Sélectionnez Pressure et réglez la pression sur High et le temps de cuisson sur 5 minutes. Appuyez sur Start.

4. Pendant que les haricots cuisent et que la pression se relâche, dans un petit bocal avec un couvercle hermétique, mélangez le jus de citron et 3 cuillères d'huile d'olive. Ajoutez le cumin, le sel restant et le poivre. Couvrez le bocal et secouez la vinaigrette jusqu'à ce qu'elle soit bien mélangée.

5. Après la cuisson, laissez la pression se relâcher naturellement pendant 10 minutes, puis relâchez rapidement la pression restante. Déverrouillez et retirez soigneusement le couvercle à pression.

6. Égouttez les haricots et versez-les dans un bol. Versez immédiatement la vinaigrette sur les haricots et remuez pour les enrober. Laissez refroidir à température ambiante, en remuant de temps en temps.

7. Ajoutez aux haricots le poivron, le céleri, les oignons verts, la tomate, le concombre et le fromage feta. Remuez doucement. Juste avant de servir, ajoutez la menthe et le persil et mélangez pour combiner.

Pommes de terre doublement cuites

Temps total : **45 minutes**
Sert **4 personnes**

Ingrédients

- 4 petites pommes de terre rousses, nettoyées
- ¼ tasse de crème épaisse
- ¼ tasse de crème fraîche
- ½ tasse de poivron rouge rôti haché
- 1 cuillère d'assaisonnement cajun
- 1½ tasse de cheddar blanc râpé
- 4 échalotes, parties blanches et vertes, hachées
- ⅓ tasse de parmesan râpé

Préparation

1. Versez 1 tasse d'eau dans le pot de Foodi. Placez le support réversible dans le pot en position basse et placez les pommes de terre sur le dessus.

2. Verrouillez le couvercle à pression en place, en vous assurant que la valve est réglée sur Seal. Sélectionnez Pressure et réglez la pression sur High et le temps de cuisson sur 10 minutes. Appuyez sur Start.

3. Après la cuisson, laissez la pression se relâcher naturellement pendant 5 minutes, puis relâchez rapidement la pression restante. Déverrouillez et retirez soigneusement le couvercle à pression.

4. À l'aide de pinces, transférez les pommes de terre sur une planche à découper. Lorsque les pommes de terre sont suffisamment refroidies pour être manipulées, découpez une bande de 1 cm d'épaisseur sur le dessus de chaque pomme de terre. Videz la chair de la pomme de terre sans toucher la peau. Placez la chair dans un grand bol, y compris la chair du dessus. Ajoutez la crème épaisse et la crème fraîche. À l'aide d'un presse-purée, écrasez jusqu'à obtenir une purée assez lisse. Ajoutez le poivron rouge rôti, l'assaisonnement et le fromage cheddar en remuant. Réserver environ 2 cuillères de la partie verte des oignons et incorporer le reste aux pommes de terre. Versez la purée de pommes de terre dans la peau des pommes de terre, en l'amoncelant légèrement. Saupoudrez le parmesan uniformément sur les pommes de terre.

5. Videz l'eau du pot et remettez-le dans le Foodi.

6. Placez le panier Cook & Crisp dans le pot. Fermez le couvercle à croustiller. Sélectionnez Air Crisp et ajustez la température à 190 °C (375 °F) et le temps de préchauffage à 2 minutes. Appuyez sur Start.

7. Lorsque le Foodi est chauffé, ouvrez le couvercle et placez les pommes de terre dans le panier. Fermez le couvercle à croustiller. Sélectionnez Air Crisp et ajustez la température à 190 °C (375 °F) et le temps de cuisson à 15 minutes. Appuyez sur Start.

8. Une fois cuites, les pommes de terre doivent être légèrement dorées et le dessus doit être croustillant. Laissez-les refroidir quelques minutes et servez-les garnies des oignons verts réservés.

Soupe aux pois chiches

Temps total : **40 minutes**
Sert **4 personnes**

Ingrédients

- 450 g de pois chiches séchés
- 5 gousses d'ail
- 1 petit oignon, haché
- 1 cuillère de graines de cumin
- 3 cuillères d'huile d'olive
- 6 tasses d'eau
- ¼ cuillère de cumin moulu
- 4 tranches de pain
- Jus d'un citron
- 2 cuillères de sel
- 2 cuillères de harissa (facultatif)
- ¼ tasse de yaourt grec (facultatif)

Préparation

1. Dans un grand bol, faites dissoudre 1½ cuillère de sel dans un litre d'eau. Ajoutez les pois chiches et laissez tremper à température ambiante pendant 8 à 24 heures.

2. Écrasez et épluchez 4 gousses d'ail. Épluchez et hachez le reste et mettez-les de côté.

3. Égouttez et rincez les pois chiches. Placez-les dans le pot de Foodi. Ajoutez les 4 gousses d'ail écrasées, l'oignon, les graines de cumin, 1 cuillère d'huile d'olive, le reste de sel et l'eau.

4. Verrouillez le couvercle à pression en place, en vous assurant que la valve est réglée sur Seal. Sélectionnez Pressure ; réglez la pression sur High et le temps de cuisson sur 6 minutes. Appuyez sur Start.

5. Pendant que la soupe cuit, dans un petit bol, mélangez les 2 cuillères restantes d'huile d'olive, l'ail haché et le cumin moulu. Répartissez le mélange sur les tranches de pain.

6. Après la cuisson, laissez la pression se relâcher naturellement pendant 8 minutes, puis relâchez rapidement la pression restante. Déverrouillez et retirez délicatement le couvercle à pression.

7. Goûtez la soupe et rectifiez l'assaisonnement. Il doit y avoir beaucoup de bouillon ; si la texture est trop épaisse, ajoutez de l'eau. Ajoutez le jus de citron et la harissa (si vous en utilisez).

8. Placez le support réversible dans la marmite en position haute. Placez les tranches de pain sur le support.

9. Fermez le couvercle à croustiller et sélectionnez Broil. Ajustez le temps de cuisson à 7 minutes. Appuyez sur Start.

10. Lorsque le pain est croustillant, retirez le support. Placez une tranche de pain dans chacun des quatre bols. Versez la soupe à la louche et garnissez d'une cuillerée de yaourt (si vous en utilisez).

Ailes de poulet au sésame

Temps total : **35 minutes**
Sert **4 personnes**

Ingrédients

- 24 ailes de poulet
- 2 cuillères d'huile de sésame
- 2 cuillères de miel
- 2 gousses d'ail, hachées
- 1 cuillère de graines de sésame grillées

Préparation

1. Versez 1 tasse d'eau dans le pot de Foodi et placez le support réversible dans le pot en position basse. Placez les ailes de poulet sur le support.

2. Verrouillez le couvercle à pression en place, en vous assurant que la valve est réglée sur Seal. Sélectionnez Pressure ; réglez la pression sur High et le temps de cuisson sur 10 minutes. Appuyez sur Start.

3. Pendant que les ailes cuisent, faites le glaçage. Dans un grand bol, fouettez l'huile de sésame, le miel et l'ail.

4. Après la cuisson, relâchez rapidement la pression. Déverrouillez et retirez délicatement le couvercle à pression. Retirez le support du pot et videz l'eau restante. Remettez le pot dans le Foodi.

5. Fermez le couvercle à croustiller et sélectionnez Air Crisp ; réglez la température à 190 °C (375 °F) et le temps à 3 minutes pour préchauffer le pot. Appuyez sur Start.

6. Pendant que le Foodi préchauffe, ajoutez les ailes à la sauce et remuez doucement pour les enrober. Transférez les ailes dans le panier Cook & Crisp en laissant l'excédent de sauce. Placez le panier dans le Foodi et fermez le couvercle à croustiller. Sélectionnez Air Crisp et réglez le temps de cuisson à 15 minutes. Appuyez sur Start.

7. Après 8 minutes, ouvrez le couvercle et remuez doucement les ailes. Fermez le couvercle pour continuer la cuisson. Vérifiez les ailes ; elles doivent être croustillantes et le glaçage fixé. Avant de servir, arrosez de sauce supplémentaire et saupoudrez de graines de sésame.

Poulet et pommes de terre croustillants

Temps total : **35 minutes**
Sert **4 personnes**

Ingrédients

- 700 g des pommes de terre, coupées en quartiers
- 4 cuisses de poulet avec os et peau
- ¼ cuillère de sel
- 2 cuillères de beurre non salé fondu
- 2 cuillères de curry en poudre
- 1 cuillère de feuilles d'origan séchées
- ½ cuillère de moutarde sèche
- ½ cuillère d'ail granulé
- ¼ cuillère de paprika
- ¼ tasse de bouillon de poulet
- 1 cuillère d'huile d'olive

Préparation

1. Saupoudrez les cuisses de poulet des deux côtés avec du sel.

2. Dans un petit bol, mélangez le beurre fondu, le curry en poudre, l'origan, la moutarde sèche, l'ail granulé et le paprika. Ajoutez le bouillon de poulet en remuant.

3. Sur votre Foodi, sélectionnez Sear/Sauté et réglez sur Medium-High pour préchauffer le pot. Appuyez sur Start. Laissez le pot préchauffer pendant 5 minutes. Versez l'huile d'olive et faites chauffer jusqu'à ce qu'elle devienne brillante. Ajoutez les cuisses de poulet, côté peau vers le bas, et faites-les cuire pendant 4 à 5 minutes ou jusqu'à ce qu'elles soient dorées. Retournez-les et saisissez brièvement l'autre côté, pendant environ 1 minute. Retirez-les du pot.

4. Ajoutez les pommes de terre dans le pot et remuez pour les enrober de graisse. Ajoutez la moitié de la sauce et remuez pour l'enrober. Placez les cuisses de poulet sur le dessus et arrosez avec le reste de la sauce.

5. Verrouillez le couvercle à pression en place, en vous assurant que la valve est réglée sur Seal. Sélectionnez Pressure ; réglez la pression sur High et le temps de cuisson sur 3 minutes. Appuyez sur Start.

6. Après la cuisson, relâchez rapidement la pression. Déverrouillez et retirez le couvercle à pression avec précaution.

7. À l'aide de pinces, transférez le poulet sur le support réversible en position haute. Déplacez doucement les pommes de terre de côté et versez un peu de sauce sur le poulet. Remuez les pommes de terre dans la sauce. Posez délicatement le support dans le pot.

8. Fermez le couvercle à croustiller et sélectionnez Bake/Roast ; réglez la température à 190 °C (375 °F) et le temps de cuisson à 16 minutes. Appuyez sur Start.

9. Lorsque la cuisson est terminée, ouvrez le couvercle et transférez le poulet et les pommes de terre sur un plateau, en arrosant avec le reste de la sauce.

Poulet braisé aux champignons

Temps total : **40 minutes**
Sert **4 personnes**

Ingrédients

- 4 cuisses de poulet avec os et peau
- 1 cuillère à soupe d'huile d'olive
- ½ petit oignon, tranché
- ½ tasse de vin blanc sec
- ⅓ tasse de bouillon de poulet
- 1 tasse d'artichaut surgelé
- 1 feuille de laurier
- ¼ cuillère de feuilles de thym séchées
- Sel et Poivre noir moulu
- 1 tasse de champignons sautés
- ¼ tasse de crème épaisse (facultatif)

Préparation

1. Saupoudrez les cuisses de poulet des deux côtés avec un peu de sel.

2. Sur votre Foodi, sélectionnez Sear/Sauté et réglez sur Medium-High pour préchauffer le pot. Appuyez sur Start. Laissez le pot préchauffer pendant 5 minutes. Versez l'huile d'olive et faites chauffer jusqu'à ce qu'elle devienne brillante. Ajoutez les cuisses de poulet, côté peau vers le bas, et faites-les cuire pendant 4 à 5 minutes ou jusqu'à ce qu'elles soient dorées. Retournez-les et saisissez brièvement l'autre côté, pendant environ 1 minute. Retirez-les du pot. S'il y a plus qu'une épaisse couche de graisse dans le pot, enlevez-la.

3. Ajoutez l'oignon et saupoudrez du sel. Faites cuire pendant environ 2 minutes, en remuant, ou jusqu'à ce qu'il soit ramolli et commence à brunir. Ajoutez le vin et portez à ébullition. Faites cuire pendant 2 à 3 minutes ou jusqu'à ce qu'il soit réduit de moitié environ.

4. Ajoutez le bouillon de poulet, les cœurs d'artichauts, le laurier, le thym et plusieurs grains de poivre, et remuez. Placez les cuisses de poulet sur le dessus, la peau vers le haut.

5. Verrouillez le couvercle à pression en place, en vous assurant que la valve est réglée sur Seal. Sélectionnez Pressure ; réglez la pression sur High et le temps de cuisson sur 5 minutes. Appuyez sur Start.

6. Après la cuisson, relâchez rapidement la pression. Déverrouillez et retirez le couvercle à pression avec précaution. Retirez la feuille de laurier avec précaution.

7. À l'aide de pinces, placez le poulet sur le support réversible en position haute. Ajoutez les champignons à la sauce et remuez pour les mélanger. Placez le support avec précaution dans le pot.

8. Fermez le couvercle à croustiller et sélectionnez Bake/Roast ; réglez la température à 190 °C (375 °F) et le temps de cuisson à 12 minutes. Appuyez sur Start.

9. Lorsque la cuisson est terminée, ouvrez le couvercle et transférez le poulet sur un plateau. Ajoutez la crème épaisse (si vous l'utilisez) et remuez dans la sauce. Assaisonnez selon votre goût avec du sel et du poivre supplémentaires. Versez la sauce et les légumes autour du poulet et servez.

Dinde rôtie aux patates douces

Temps total : **70 minutes**
Sert **4 personnes**

Ingrédients

- 1 poitrine de dinde entière avec os (environ 2 kg)
- 4 cuillères d'assaisonnement cajun
- 1¼ cuillère de sel
- ¾ tasse de bouillon de poulet
- 3 patates douces moyennes, frottées
- 3 cuillères de beurre non salé fondu
- 2 cuillères de crème épaisse

Préparation

1. Asséchez la poitrine de dinde en tapotant et en glissant soigneusement vos mains sous la peau, en la séparant de la viande. Dans un petit bol, mélangez l'assaisonnement cajun et une cuillère de sel. Frottez environ la moitié du mélange d'épices sous la peau et dans la cavité située sur la face inférieure de la poitrine, en réservant le reste.

2. Versez le bouillon de poulet dans le pot de Foodi. Placez le support réversible dans le pot en position basse. Placez la poitrine de dinde sur le côté au centre du support et placez les patates douces autour.

3. Verrouillez le couvercle à pression en place, en vous assurant que la valve est réglée sur Seal. Sélectionnez Pressure ; réglez la pression sur High et le temps de cuisson sur 13 minutes. Appuyez sur Start.

4. Pendant la cuisson de la dinde, dans un petit bol, mélangez le mélange d'épices réservé avec 2 cuillères de beurre fondu.

5. Après la cuisson, laissez la pression se relâcher naturellement pendant 8 minutes, puis relâchez rapidement la pression restante. Déverrouillez et retirez soigneusement le couvercle à pression.

6. À l'aide de pinces, transférez les patates sur une planche ou une assiette à découper, puis retirez le support avec la dinde. Versez le jus de cuisson dans un séparateur de graisse et mettez le tout de côté. Remettez la dinde et le support dans le pot.

7. Arrosez le côté exposé de la poitrine de dinde avec la moitié du mélange d'épices au beurre.

8. Fermez le couvercle à croustiller et sélectionnez Air Crisp ; réglez la température à 180 °C (360 °F) et le temps de cuisson à 16 minutes. Appuyez sur Start. Après 8 minutes, ouvrez le couvercle et retournez la poitrine de dinde à l'aide de pinces. Arrosez ce côté avec le reste du mélange d'épices et de beurre et fermez le couvercle pour poursuivre la cuisson.

9. Pendant que la dinde rôtit, enlevez la peau des patates et placez la chair dans un bol. Utilisez un presse-purée pour transformer les patates en une purée lisse. Ajoutez aux patates le sel, le reste du beurre fondu, la crème épaisse et 2 cuillères de jus de cuisson de la dinde et remuez pour incorporer. Goûtez et ajustez l'assaisonnement et couvrez le bol avec du papier d'aluminium.

10. Après la cuisson, vérifiez la température interne de la dinde pour vous assurer qu'elle est d'au moins 65 °C (150 °F). Transférez la dinde sur une planche à découper, en laissant le support dans le pot.

11. Remettez la sauce dégraissée dans le plat. Sélectionnez Sear/Sauté et réglez sur Medium-High. Placez le bol de pommes de terre sur le support pour qu'il reste chaud pendant que la sauce réduit. Appuyez sur Start. Portez la sauce à ébullition et faites-la cuire pendant 2 à 3 minutes ou jusqu'à ce qu'elle soit réduite de moitié environ.

12. Pendant que la sauce réduit, coupez la dinde en tranches et disposez les tranches sur un plateau. Retirez les patates du pot et sortez le support. Versez la sauce sur les tranches de dinde et servez avec les patates douces.

Poulet Stroganoff

Temps total : **60 minutes**
Sert **4 personnes**

Ingrédients

- 2 blancs de poulet
- 2 cuillères à soupe de beurre non salé
- ½ tasse d'oignons tranchés
- 1 cuillère de farine tout usage
- ½ tasse de sherry sec ou de vin blanc sec
- 2 tasses de bouillon de poulet
- 1½ tasse d'eau
- 200 g de nouilles aux œufs
- 1 tasse de champignons sautés
- ¾ cuillère de sel
- ¼ tasse de crème aigre

Préparation

1. Saupoudrez les blancs de poulet avec ¼ cuillère de sel et mettez-les de côté.

2. Sur votre Foodi, sélectionnez Sear/Sauté et réglez sur Medium pour préchauffer le pot. Appuyez sur Start. Laissez le pot préchauffer pendant 5 minutes. Ajoutez le beurre pour le faire fondre et faites-le chauffer jusqu'à ce qu'il ne mousse plus. Ajoutez l'oignon. Faites cuire pendant environ 4 minutes, en remuant de temps en temps, ou jusqu'à ce que l'oignon commence à brunir. Ajoutez la farine et remuez pour enrober l'oignon. Faites cuire pendant 2 minutes en remuant. Déglacez le cuiseur en y versant l'eau-de-vie et en remuant pour racler tous les morceaux brunis au fond du pot. Laissez mijoter l'eau-de-vie jusqu'à ce qu'elle soit réduite des deux tiers environ.

3. Ajoutez le bouillon de poulet, l'eau, le reste du sel et les nouilles dans le pot. Posez les blancs de poulet sur les nouilles.

4. Verrouillez le couvercle à pression en place, en vous assurant que la valve est réglée sur Seal. Sélectionnez Pressure ; réglez la pression sur High et le temps de cuisson sur 5 minutes. Appuyez sur Start.

5. Après la cuisson, relâchez rapidement la pression. Déverrouillez et retirez le couvercle à pression avec précaution.

6. Transférez les blancs de poulet sur une planche à découper et laissez-les refroidir légèrement. Coupez-les en morceaux de la taille d'une bouchée. Si le poulet n'est pas tout à fait cuit au centre, remettez les morceaux de poulet dans

le pot. Sélectionnez Sear/Sauté et réglez sur Medium-Low. Appuyez sur Start. Faites mijoter le poulet jusqu'à ce qu'il soit bien cuit. Lorsque le poulet est cuit, éteignez le Foodi et ajoutez les champignons. Incorporez la crème aigre dès que le mélange cesse de mijoter. Servez dans des bols

Côtes de porc à la moutarde

Temps total : **55 minutes**
Sert **4 personnes**

Ingrédients

- 1 plat de côtes de porc
- ½ cuillère de sel
- 1 tasse de sauce à la moutarde

Préparation

1. Saupoudrez les côtes des deux côtés avec le sel. Coupez le plat de côtes en 3 morceaux. Si vous le souhaitez, retirez la membrane du côté osseux des côtes ou coupez-la tous les 5 centimètres.

2. Versez 1 tasse d'eau dans le pot de Foodi. Placez le support réversible dans le pot en position basse et placez les côtes sur le dessus, côté os vers le bas.

3. Verrouillez le couvercle à pression en place, en vous assurant que la valve est réglée sur Seal. Sélectionnez Pressure ; réglez la pression sur High et le temps de cuisson sur 18 minutes. Appuyez sur Start.

4. Après la cuisson, relâchez rapidement la pression. Déverrouillez et retirez le couvercle à pression avec précaution. Retirez le support et les côtes du pot et videz l'eau du pot. Remettez le pot dans le Foodi. Remettez le support réversible dans le pot en position basse et placez les côtes sur le dessus.

5. Fermez le couvercle à croustiller et sélectionnez Air Crisp ; réglez la température à 200 °C (400 °F) et le temps de cuisson à 20 minutes. Appuyez sur Start.

6. Au bout de 10 minutes, ouvrez le couvercle et retournez les côtes. Badigeonnez légèrement le côté de l'os des côtes avec la sauce à la moutarde et fermez le couvercle pour poursuivre la cuisson. Au bout de 4 minutes, ouvrez le couvercle et retournez les côtes. Badigeonnez le côté viande des côtes avec le reste de la sauce et fermez le couvercle pour poursuivre la cuisson jusqu'à ce qu'elles soient cuites.

Filet mignon aux poivrons

Temps total : **35 minutes**
Sert **4 personnes**

Ingrédients

- 1 filet de porc, coupé en 2 morceaux
- 450 g de petites pommes de terre, coupées en quartiers
- 5 poivrons doux marinés, équeutés et épépinés, coupés en quatre
- 2 cuillères d'huile végétale
- ½ tasse de vin blanc sec
- ¼ tasse de bouillon de poulet
- 1 brin de romarin
- 2 gousses d'ail moyennes, finement hachées
- 1 petit poivron rouge rôti, coupé en lanières
- 2 cuillères de beurre non salé
- 1 cuillère de sel
- ¼ cuillère de poivre noir moulu

Préparation

1. Assaisonnez les morceaux de porc de tous les côtés avec le sel et le poivre.

2. Sur votre Foodi, sélectionnez Sear/Sauté et réglez sur Medium-High pour préchauffer le pot. Appuyez sur Start. Laissez le pot préchauffer pendant 5 minutes. Versez l'huile végétale et faites chauffer jusqu'à ce qu'elle devienne brillante. Une fois chaud, ajoutez les morceaux de porc. Laissez-les saisir, sans les bouger, pendant 3 minutes ou jusqu'à ce qu'ils soient dorés. Retournez la viande et faites-la dorer encore une fois de l'autre côté. Transférez le porc dans une assiette. Versez le vin dans le pot et grattez les morceaux brunis du fond. Laissez le vin cuire jusqu'à ce qu'il soit réduit d'environ un tiers.

3. Ajoutez les pommes de terre, le bouillon de poulet, le brin de romarin et l'ail au vin. Remettez le porc dans le pot.

4. Verrouillez le couvercle à pression en place, en vous assurant que la valve est réglée sur Seal. Sélectionnez Pressure ; réglez la pression sur High et le temps de cuisson sur 0 minute (le temps nécessaire à l'appareil pour atteindre la pression est un temps de cuisson suffisant). Appuyez sur Start.

5. Après la cuisson, laissez la pression se relâcher naturellement pendant 5 minutes, puis relâchez rapidement la pression restante. Déverrouillez et retirez soigneusement le couvercle à pression.

6. Retirez le porc et vérifiez la température interne avec un thermomètre à viande. Il devrait indiquer environ 60 °C (140 °F). Sinon, remettez-le dans le pot, couvrez le pot avec le couvercle et laissez reposer encore une minute environ. Laissez le porc se reposer pendant que vous finissez la sauce.

7. Retirez et jetez la branche de romarin. Sélectionnez Sear/Sauté et réglez à Medium. Appuyez sur Start. Faites mijoter la sauce et laissez cuire les pommes de terre pendant 2 à 4 minutes ou jusqu'à ce qu'elles soient tendres. Ajoutez le poivron rôti et les poivrons marinés, ainsi que le liquide de marinade. Goûtez et ajustez l'assaisonnement. Juste avant de servir, éteignez le feu et ajoutez le beurre en remuant.

8. Pendant que la sauce et les pommes de terre cuisent, coupez le filet et disposez-le sur un plateau. Disposez les poivrons et les pommes de terre autour du porc et versez la sauce sur le tout.

Pâtes aux crevettes

Temps total : **30 minutes**
Sert **4 personnes**

Ingrédients

- 600 g de crevettes crues, décortiquées et déveinées
- 300 g de farfalle (pâtes papillon)
- 1 cuillère d'huile d'olive
- 2 grosses gousses d'ail, pelées et hachées
- ¼ tasse de vin blanc
- 2½ tasses d'eau
- ⅓ tasse de purée de tomates
- ½ cuillère de flocons de piment rouge
- 1 cuillerée de jus de citron
- 1 cuillère de zeste de citron
- 6 tasses de roquette
- ¾ cuillère de sel

Préparation

1. Placez les crevettes dans le panier Cook & Crisp. Ajoutez ¼ cuillère de sel, l'huile d'olive et 1 gousse d'ail hachée. Bien mélanger pour enrober.

2. Placez le panier dans le pot de Foodi, puis fermez le couvercle à croustiller et sélectionnez Air Crisp ; réglez la température à 200 °C (400 °F) et le temps de cuisson à 6 minutes. Appuyez sur Start. Au bout de 3 minutes, ouvrez le couvercle et remuez les crevettes. Fermez le couvercle et continuez la cuisson. Une fois cuites, les crevettes doivent être opaques et roses. Ce n'est pas grave si elles ne sont pas tout à fait cuites, car elles finiront de cuire plus tard. Retirez le panier et mettez-le de côté.

3. Sur votre Foodi, sélectionnez Sear/Sauté et réglez sur High pour réchauffer le pot. Appuyez sur Start. Laissez le pot préchauffer pendant 5 minutes. Versez le vin et portez à ébullition. Laissez mijoter pendant 1 à 2 minutes pour éliminer une partie de l'alcool. Ajoutez les pâtes, l'eau, le reste du sel, le reste d'ail haché, la purée de tomate et les flocons de piment rouge. Remuez pour mélanger.

4. Verrouillez le couvercle à pression en place, en vous assurant que la valve est réglée sur Seal. Sélectionnez Pressure ; réglez la pression sur High et le temps de cuisson sur 5 minutes. Appuyez sur Start.

5. Après la cuisson, relâchez rapidement la pression. Déverrouillez et retirez le couvercle à pression avec précaution.

6. Incorporez le jus et le zeste de citron. Ajoutez la roquette par grosses poignées et mélangez-la à la sauce pour qu'elle se fane. Ajoutez les crevettes en remuant. Laissez reposer quelques minutes pour réchauffer les crevettes. Servez immédiatement.

Saumon aux légumes

Temps total : **25 minutes**
Sert **4 personnes**

Ingrédients

- 4 filets de saumon avec peau
- 2 tasses de pois mange-tout
- ½ poivron rouge moyen, coupé en morceaux
- ⅓ tasse de sauce Teriyaki
- ¼ tasse d'eau
- 2 oignons verts, hachés
- ½ tasse de champignons sautés
- ¼ cuillère de sel

Préparation

1. Saupoudrez les filets de saumon de sel et placez-les sur le support réversible placé en position haute.

2. Placez les pois mange-tout et le poivron dans le pot de Foodi. Arrosez d'une cuillère de sauce teriyaki et versez l'eau. Placez le support avec le saumon dans le pot en position haute.

3. Verrouillez le couvercle à pression en place, en vous assurant que la valve est réglée sur Seal. Sélectionnez Pressure ; réglez la pression sur High et le temps de cuisson sur 1 minute. Appuyez sur Start.

4. Après la cuisson, relâchez rapidement la pression. Déverrouillez et retirez le couvercle à pression avec précaution. Badigeonnez environ la moitié de la sauce teriyaki restante sur le saumon.

5. Fermez le couvercle à croustiller et sélectionnez Broil. Ajustez le temps de cuisson à 7 minutes. Appuyez sur Start. Vérifiez le saumon après 5 minutes. Il devrait s'émietter une fois cuit. Faites cuire les 2 minutes restantes si nécessaire.

6. Lorsque la cuisson est terminée, retirez le support avec le saumon et mettez-le de côté.

7. Ajoutez les oignons et les champignons aux légumes dans le pot et remuez pour bien chauffer. Si la sauce est trop fine, sélectionnez Sear/Sauté et réglez sur High. Appuyez sur Start. Faites mijoter jusqu'à ce que la sauce ait la consistance que vous souhaitez. Répartissez les légumes dans quatre assiettes et recouvrez de saumon, en arrosant le tout du reste de la sauce teriyaki.

Moules au chorizo

Temps total : **40 minutes**
Sert **6 personnes**

Ingrédients

- 1,3 kg de moules, nettoyées, ébarbées
- 3 pièces de chorizo, coupées en morceaux, boyaux enlevés
- 1 baguette française, coupée en tranches
- 3 cuillères d'huile d'olive
- 3 cuillères de beurre
- 1 petit oignon, pelé, coupé en fines lamelles
- 3 gousses d'ail, pelées, coupées en tranches
- 1½ tasse de fenouil, tranché finement
- 1½ tasse de tomates en dés
- 1¼ tasse de vin blanc
- ½ tasse de crème épaisse

Préparation

1. Badigeonnez légèrement les tranches de baguette avec de l'huile d'olive. Placez la grille réversible dans le pot, en vous assurant que la grille est en position haute. Déposez les tranches de baguette sur le dessus de la grille.

2. Fermez le couvercle à croustiller. Sélectionnez Air Crisp, réglez la température à 200 °C (400 °F) et réglez une durée de 5 minutes. Appuyez sur Start.

3. Lorsque la cuisson est terminée, retirez la grille avec le pain grillé et mettez-la de côté.

4. Sélectionnez Sear/Sauté et réglez sur High. Appuyez sur Start. Laissez préchauffer pendant 5 minutes. Ajoutez le beurre, l'oignon, l'ail et le fenouil dans le pot. Faites sauter pendant 2 minutes. Ajoutez le chorizo, les tomates, le vin, la crème épaisse et les moules.

5. Verrouillez le couvercle à pression, en vous assurant que la valve est réglée sur Seal. Sélectionnez Pressure ; réglez la pression sur Low et le temps de cuisson sur 3 minutes. Appuyez sur Start.

6. Lorsque la cuisson est terminée, relâchez rapidement la pression. Déverrouillez et retirez le couvercle à pression avec précaution.

7. Transférez les moules dans un plat de service. Saupoudrez de persil et de jus de citron et servez avec des tranches de baguette grillées.

DESSERTS

Poires pochées aux épices

Temps total : **25 minutes**
Sert **4 personnes**

Ingrédients

- 4 grosses poires mûres, pelées, évidées et coupées en deux
- 1 tasse d'eau
- ⅓ tasse de sucre
- 1 zeste de citron
- Jus d'un citron
- 1 bâton de cannelle
- 4 clous de girofle entiers
- 4 grains de poivre

Préparation

1. Dans le pot de Foodi, mélangez l'eau, le sucre, le zeste de citron, le jus de citron, le bâton de cannelle, les clous de girofle et les grains de poivre. Sélectionnez Sear/Sauté et réglez la température sur Medium-High. Appuyez sur Start. Faites mijoter le mélange en remuant jusqu'à ce que le sucre se dissolve. Ajoutez les poires et remuez pour les enrober.

2. Verrouillez le couvercle à pression en place, en vous assurant que l'évent est réglé sur Seal ; réglez la pression sur High et le temps de cuisson sur 5 minutes. Appuyez sur Start.

3. Après la cuisson, relâchez rapidement la pression. Déverrouillez et retirez le couvercle à pression avec précaution. À l'aide d'une pince ou d'une grande cuillère à fentes, transférez les poires dans un bol de service.

4. Sélectionnez Sear/Sauté et réglez la température sur High. Appuyez sur Start. Portez le liquide de cuisson à ébullition. Laissez-le cuire pendant environ 4 minutes jusqu'à ce qu'il soit réduit en un sirop. Retirez-le et jetez le zeste de citron et les épices entières. Versez le sirop chaud sur les poires et servez-les.

Pots de crème moka

Temps total : **30 minutes**
Sert **4 personnes**

Ingrédients

- 1 gros œuf
- 3 gros jaunes d'œufs
- ¾ tasse de sucre
- ½ cuillère d'extrait de vanille
- 1 tasse de lait entier
- 1 tasse de crème épaisse
- 2 cuillères d'espresso instantané en poudre
- 1 cuillère à soupe de cacao en poudre

Préparation

1. Dans un bol moyen, utilisez un batteur à main pour battre l'œuf, les jaunes d'œufs, le sucre et la vanille jusqu'à ce que le sucre se dissolve. Ajoutez le lait, la crème épaisse, la poudre d'espresso et la poudre de cacao. Battez brièvement pour mélanger. Versez le mélange dans quatre petits ramequins ou tasses à crème. Placez un carré de papier d'aluminium sur chacun d'eux et sertissez pour sceller.

2. Versez 1 tasse d'eau dans le pot de Foodi. Placez le support réversible dans le pot en position basse et placez les ramequins sur le dessus, en les empilant si nécessaire.

3. Verrouillez le couvercle à pression en place, en vous assurant que la valve est réglée sur Seal. Sélectionnez Pressure ; réglez la pression sur High et le temps de cuisson sur 6 minutes. Appuyez sur Start.

4. Après la cuisson, laissez la pression se relâcher naturellement pendant 10 minutes, puis relâchez rapidement la pression restante. Déverrouillez et retirez soigneusement le couvercle à pression.

5. Retirez délicatement les ramequins du pot. Retirez le papier d'aluminium. Laissez-les refroidir à température ambiante pendant environ 20 minutes, puis couvrez-les d'un film plastique et réfrigérez-les jusqu'à ce qu'elles soient refroidies, soit environ 2 heures.

Tarte Tatin

Temps total : **35 minutes**
Sert **4 personnes**

Ingrédients

- 5 pommes, pelées et coupées en tranches
- 2 cuillères de cannelle moulue
- ¼ tasse sucre brun
- 2 cuillères de cognac
- 1 croûte de tarte
- 2 cuillères de crème épaisse
- ¼ tasse de sucre granulé

Préparation

1. Placez les pommes dans le pot de Foodi. Saupoudrez de cannelle et de sucre brun. Versez le cognac. Remuez pour enrober les pommes.

2. Verrouillez le couvercle à pression en place, en vous assurant que la valve est réglée sur Seal. Sélectionnez Pressure ; réglez la pression sur High et le temps de cuisson sur 4 minutes. Appuyez sur Start.

3. Après la cuisson, laissez la pression se relâcher naturellement pendant 5 minutes, puis relâchez rapidement la pression restante. Déverrouillez et retirez soigneusement le couvercle à pression.

4. Déroulez la croûte sur la garniture. Badigeonnez avec la crème épaisse et saupoudrez avec le sucre granulé.

5. Fermez le couvercle à croustiller et sélectionnez Bake/Roast ; réglez la température à 160 °C (325 °F) et le temps de cuisson à 12 minutes. Appuyez sur Start. Vérifiez la tarte Tatin après 8 minutes. La croûte doit être croustillante et brunie. Si ce n'est pas le cas, faites cuire un peu plus longtemps.

6. Pour servir, coupez un morceau de la tarte et retournez-le sur une assiette à dessert, la croûte se trouvant au fond. Répétez l'opération avec les autres morceaux. Servez la tarte chaude.

Brownies au caramel

Temps total : **70 minutes**
Sert **4 personnes**

Ingrédients

- 8 cuillères à soupe de beurre non salé
- 225 g de chocolat noir
- 1 tasse de sucre
- 2 cuillères d'extrait de vanille
- 1 pincée de sel
- 2 gros œufs
- ¾ tasse de farine tout usage
- ½ tasse de sauce au caramel
- ½ tasse de noix de pécan

Préparation

1. Dans un petit bol, mettez le beurre et le chocolat. Versez 1 tasse d'eau dans le pot de Foodi. Placez le support réversible dans le pot en position basse et placez le bol sur le dessus. Fermez le couvercle à croustiller et sélectionnez Bake/Roast ; réglez la température à 190 °C (375 °F) et le temps de cuisson à 10 minutes pour faire fondre le chocolat et le beurre. Appuyez sur Start. Vérifiez après 5 minutes et remuez. Dès que le chocolat est fondu, retirez le bol du pot.

2. Versez le mélange de chocolat dans un bol moyen (cela aide à refroidir légèrement le chocolat). Ajoutez le sucre, la vanille et le sel en remuant. Un à la fois, ajoutez les œufs et remuez jusqu'à ce que le mélange soit homogène après chaque ajout.

3. Ajoutez la farine au mélange de chocolat et mélangez jusqu'à ce que le mélange soit lisse, environ 1 minute.

4. Vaporiser un moule à cake rond avec un spray de cuisson. Si vous le souhaitez, recouvrez le moule de papier parchemin ou de papier d'aluminium pour faciliter le retrait des brownies. Versez la pâte dans le moule préparé. Placez le moule dans le pot sur le support.

5. Fermez le couvercle à croustiller et sélectionnez Bake/Roast ; réglez la température à 120 °C (250 °F) et le temps de cuisson à 25 minutes. Appuyez sur Start. Lorsque le temps est écoulé, ouvrez le couvercle et vérifiez les brownies. Si du beurre s'accumule sur le dessus, épongez-le avec un essuie-tout.

6. Refermez le couvercle à croustiller et réglez la température à 150 °C (300 °F) et le temps de cuisson à 15 minutes. Appuyez sur Start.

7. Lorsque le temps est écoulé, ouvrez le couvercle et vérifiez les brownies. Un cure-dent inséré au centre devrait en ressortir avec des miettes qui y adhèrent, mais pas de pâte crue.

8. Versez la sauce caramel sur les brownies et saupoudrez les noix de pécan. Refermez le couvercle à croustiller et réglez la température à 160 °C (325 °F) et le temps de cuisson à 8 minutes. Appuyez sur Start. Lorsque le caramel bouillonne et que les noix sont brunes, retirez les brownies et laissez-les refroidir pendant au moins 30 minutes.

9. Si vous avez tapissé le moule, ramassez les bords du papier d'aluminium ou du parchemin et retirez délicatement les brownies du moule. Enlevez la feuille d'aluminium et laissez refroidir pendant 5 minutes ou plus. Coupez-les en carrés.

Crème brûlée

Temps total : **35 minutes**
Sert **4 personnes**

Ingrédients

- 8 gros jaunes d'œufs
- 1 cuillère d'extrait de vanille
- ½ tasse de sucre
- 2 tasses de crème épaisse
- 6 cuillères de sucre brun

Préparation

1. Dans un bol moyen, mélangez les jaunes d'œufs, la vanille et le sucre. À l'aide d'un batteur électrique à main, battez jusqu'à ce que le sucre soit dissous. Ajoutez la crème épaisse et battez brièvement pour mélanger. Versez le mélange dans 4 petits ramequins ou tasses à crème. Recouvrez les ramequins de petits carrés de papier d'aluminium.

2. Versez 1 tasse d'eau dans le pot de Foodi. Placez le support réversible de la marmite en position basse et placez les ramequins sur le dessus, en les empilant si nécessaire.

3. Verrouillez le couvercle à pression en place, en vous assurant que la valve est réglée sur Seal. Sélectionnez Pressure ; réglez la pression sur High et le temps de cuisson sur 6 minutes. Appuyez sur Start.

4. Après la cuisson, laissez la pression se relâcher naturellement pendant 10 minutes, puis relâchez rapidement la pression restante. Déverrouillez et retirez soigneusement le couvercle à pression.

5. À l'aide d'une pince, retirez soigneusement les ramequins du pot, puis retirez le papier d'aluminium. Laissez les ramequins refroidir à température ambiante pendant environ 20 minutes, puis réfrigérez-les pendant environ 2 heures.

6. Saupoudrez uniformément le sucre brun sur les ramequins.

7. Placez le support réversible dans le pot en position haute, puis placez les ramequins sur le support en travaillant par lots si nécessaire.

8. Fermez le couvercle à croustiller et sélectionnez Broil. Ajustez le temps à 5 minutes. Appuyez sur Start. Faites cuire jusqu'à ce que le sucre soit bruni et

qu'il bouillonne sur la crème. Laissez les ramequins refroidir légèrement avant de les servir.

Cheesecake marbré au chocolat

Temps total : **60 minutes**
Sert **8 personnes**

Ingrédients

- 120 g de biscuits gaufrettes au chocolat, écrasés en miettes
- 2 cuillères de beurre non salé, fondu
- 450 g de fromage à la crème
- ½ tasse de sucre
- 2 cuillères à soupe de crème fraîche
- 2 cuillères à soupe de crème épaisse
- 2 cuillères d'extrait de vanille
- 2 gros œufs
- 80 g de pépites de chocolat, fondu

Préparation

1. Dans un petit bol, mélangez les miettes de biscuits et le beurre fondu. Pressez les miettes dans le fond d'un moule à charnière.

2. Placez le support réversible dans le pot de Foodi en position basse et placez le moule à charnière sur le dessus.

3. Fermez le couvercle à croustiller et sélectionnez Air Crisp ; réglez la température à 175 °C (350 °F)) et le temps de cuisson à 6 minutes. Appuyez sur Start. Faites cuire jusqu'à ce que la cuisson soit parfumée et qu'elle prenne. Retirez et laissez refroidir.

4. Dans un bol moyen, utilisez un batteur électrique à main pour battre le fromage à la crème jusqu'à ce qu'il soit très lisse. Ajoutez le sucre et battez jusqu'à ce que le mélange soit homogène. Ajoutez la crème fraîche, la crème épaisse et la vanille. Battez pour mélanger. Un à la fois, ajoutez les œufs et battez juste pour mélanger.

5. Versez ½ tasse de la garniture à cheesecake dans un petit bol. Remuez dans le chocolat fondu.

6. Versez la garniture au fromage à la vanille dans le moule à charnière et déposez des cuillères de mélange au chocolat de façon uniforme sur la garniture. Passez la pointe d'un petit couteau ou d'une brochette à travers la garniture pour former un motif tourbillonnant (marbré) sur le dessus du cheesecake. Couvrez le cheesecake avec du papier d'aluminium.

7. Versez 1 tasse d'eau dans le pot de Foodi. Placez le support réversible du pot dans la position la plus basse et placez le moule sur le dessus.

8. Verrouillez le couvercle à pression en place, en vous assurant que la valve est réglée sur Seal. Sélectionnez Pressure ; réglez la pression sur High et le temps de cuisson sur 25 minutes. Appuyez sur Start.

9. Après la cuisson, laissez la pression se relâcher naturellement pendant 10 minutes, puis relâchez rapidement la pression restante.

10. Déverrouillez et retirez soigneusement le couvercle à pression. Retirez délicatement le cheesecake du pot et retirez le papier d'aluminium. Le cheesecake doit être pris, le centre étant légèrement plus mou que les bords.

11. Laissez le cheesecake reposer à température ambiante pendant 15 à 20 minutes. Réfrigérez le cake refroidi pendant 3 à 4 heures jusqu'à ce qu'il soit complètement refroidi.

Printed in Poland
by Amazon Fulfillment
Poland Sp. z o.o., Wrocław
12 June 2024

5b029d81-5ebe-45ad-9b0d-05ba1f0fd95cR01